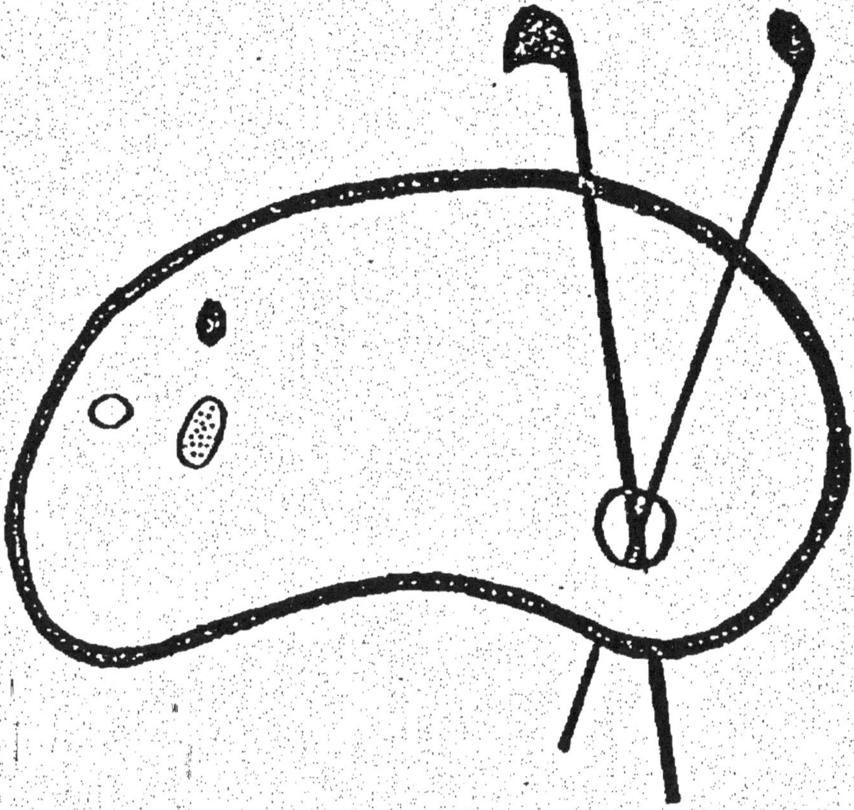

ORIGINAL EN COULEUR

NF Z 43-120-8

ASSOCIATION CATHOLIQUE INTERNATIONALE

DES

ŒUVRES DE PROTECTION DE LA JEUNE FILLE

Le Caractère et l'Esprit de l'Association Catholique Internationale des Œuvres de Protection de la Jeune Fille

PAR

Sa Grandeur Mgr DADOLLE, évêque de Dijon

ET

la Baronne DE MONTENACH

DISCOURS AU CONGRÈS DE DIJON

prononcés le 13 juin 1910

DIJON

IMPRIMERIE JOBARD

9, Place Darcy

1910

DISCOURS

de Sa Grandeur Mgr DADOLLE

ÉVÊQUE DE DIJON

Mesdames, Messieurs,

« J'estime un très grand honneur pour moi d'avoir à prendre la parole le premier dans ce septième Congrès national de l'Association catholique internationale des œuvres pour la Protection de la jeune fille. J'ajouterai aussitôt qu'en dépit de la téméraire promesse faite par le programme, ce ne peut être un *discours* d'ouverture que vous attendiez de moi ; et qu'un discours d'ouverture ne serait rien moins qu'une indiscrétion, vu la quantité et l'intérêt du grand nombre de rapports pratiques, inscrits aux ordres du jour de vos séances de ces trois journées.

» Ce que je vous dois d'abord, c'est un souhait de bienvenue ; je vous l'offre aussi pleinement et aussi respectueusement sympathique que possible.

» Grâce à mes diocésaines, vos collaboratrices, qui ont

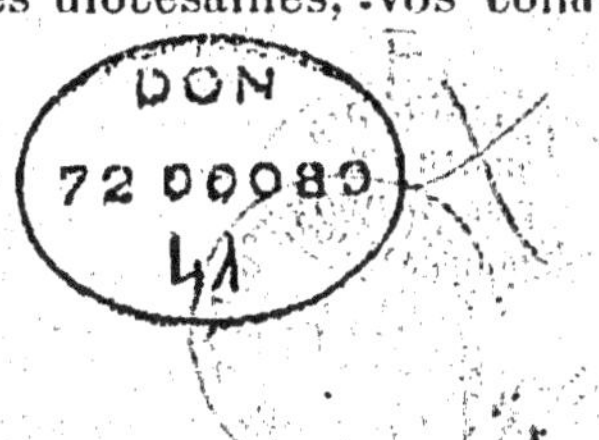

DEBUT DE PAGINATION

éminemment, comme vous toutes, l'âme hiérarchique, je suis très au courant de votre activité, et j'aurai l'occasion d'en dire, plus solennellement qu'ici, le bien que j'en pense.

» Je me suis permis, conformément d'ailleurs aux usages de vos congrès, d'adresser au Saint-Père l'expression de notre commune et filiale vénération et de notre obéissance absolue à ses directions, particulièrement dans le domaine des œuvres sociales. « Saint-Père, lui ai-je dit, vous savez » qui nous sommes : franchement vôtres par notre pro- » fession de foi, par le but exclusivement apostolique que » nous poursuivons, et par les méthodes que nous » employons : Bénissez-nous ! »

» La dépêche n'est pas partie assez à temps pour que la réponse nous soit déjà parvenue. Mais soyez certaines, Mesdames, que c'est sous les auspices de la bénédiction *ins- tauratrice* de toutes choses dans le Christ que, dès cette pre- mière journée, vous allez fournir votre besogne de congres- sistes.

» Ensuite, comme votre Congrès est national, plusieurs de Nos Seigneurs les évêques lui ont envoyé leurs encoura- gements et leurs bénédictions. J'ose dire que le cœur de tous est avec nous. Quel est le diocèse, en effet, qui n'ait quelque jeune fille à protéger ?

» Notre conviction est faite, Mesdames. Votre œuvre nous met en présence de l'une des formes les plus indispensables de l'action sociale chrétienne : il s'agit de soutenir dans la lutte pour la vie matérielle et morale des faiblesses, souvent si vaillantes, toujours si exposées.

» Rappeler sans doute, à l'usage de qui ne le connaît pas encore suffisamment, le fonctionnement de votre œuvre ; raconter ce qui a été fait et ce qui est en voie de se faire, les réalisations accomplies, — et chaque page de ce récit tour- nera naturellement à la leçon de choses, — voilà l'objet du Congrès.

» L'une de vous, Mesdames, à vos précédentes assises annuelles, définissait le Congrès : une *école pour l'action.* J'exprime le vœu, avec la certitude qu'il sera exaucé, que ce septième congrès justifie cette très heureuse définition, et que les congressistes, après avoir mis en mutualité leur foi, leur expérience, leurs trésors de zèle et l'enthousiasme de leur charité, s'en retournent plus agissantes, s'il se peut, aux combats dont l'issue sera, par la grâce de Dieu, la victoire. »

DISCOURS

de la Baronne de MONTENACH

Vice-Présidente internationale

———

Monseigneur,

Permettez-moi de déposer aux pieds de Votre Grandeur les hommages du Comité international de l'Association catholique de Protection de la jeune fille et ses remerciements pour la part si grande que vous voulez bien prendre à ce Congrès, lui donnant par votre présence, Monseigneur, une portée qu'il n'aurait pas sans elle.

Nous aimerions qu'on comprît partout, aussi bien qu'à Dijon, cette nécessité d'une union étroite entre les autorités ecclésiastiques et notre Association, qui est destinée à devenir partout un rouage important de la vie paroissiale.

Nous avons voulu que l'Association catholique internationale des œuvres de Protection de la jeune fille soit et demeure une institution absolument et nettement catholique et nous sentons tous les devoirs qui découlent de l'orientation que nous avons choisie. Au moment où nous avons déployé notre drapeau, beaucoup de gens, dont je ne veux certes pas contester les excellentes intentions, sont venus nous dire qu'il serait peut-être plus prudent d'envelopper notre programme du manteau de la neutralité pour ne point éloigner de nous certaines bienveillances, pour ne point déchaîner contre nous certaines hostilités, pour ne point effaroucher certaines timidités.

Les fondatrices de notre organisation avaient trop le sentiment de leur faiblesse et de leur impuissance, pour oser édifier la grande œuvre qu'elles rêvaient sans la mettre sous la protection directe et avouée de la divine Providence ; et c'est pourquoi elles ont adopté comme patronne Notre-Dame du Bon-Conseil, affirmant ainsi non seulement leur foi, mais leur dévotion.

Et, pour ma part, je suis persuadée que c'est la protection d'En-Haut, hautement sollicitée par nous, qui nous a valu de réaliser en si peu d'années, avec des ressources matérielles dérisoires, tous les progrès que ce Congrès va, une fois de plus, nous faire constater.

L'affaiblissement de l'esprit surnaturel, dans les œuvres sociales qui visent des résultats matériels et pratiques, est un des grands périls de ce temps, et malheureusement beaucoup de catholiques, subissant l'intoxication de l'atmosphère que nous respirons, ne laissent plus à la grâce divine son rôle prédominant dans le développement de leurs œuvres économiques, et c'est pourquoi ces dernières, malgré d'admirables efforts et d'énormes sacrifices, n'arrivent pas à avoir cette influence profonde et rayonnante qu'elles mériteraient. Pendant longtemps les catholiques se sont contentés de gémir au lieu d'agir et de diriger vers le ciel d'incessantes lamentations sur le malheur des temps, sans montrer, d'autre part, la moindre énergie, le moindre esprit de sacrifice et d'apostolat.

On a eu raison de rappeler à ces catholiques-là le vieux proverbe qui dit : « Aide-toi, le ciel t'aidera. »

Aujourd'hui, la situation est changée ; les générations nouvelles, comprenant la nécessité de l'action et les devoirs qui s'imposent à tous, à une époque tourmentée comme la nôtre, se sont mis à l'ouvrage avec une générosité et un entrain merveilleux. Et nous assistons tous les jours à la création et à l'épanouissement d'œuvres inconnues naguère, inspirées par la charité la plus raffinée, par les plus nobles sentiments de justice et de solidarité, par l'abnégation la plus complète.

Pourquoi faut-il cependant, que quelques-unes de ces œuvres fondées, entretenues, soutenues par des catholiques, paraissent vouloir se passer du ciel et s'aider toutes seules, sans Dieu, à remplir le but qu'elles se sont proposé.

En ce qui nous concerne, Mesdames et Messieurs, nous n'avons pas voulu les imiter, malgré de pressantes sollicitations, et nous avons pensé que les œuvres fondées par les catholiques doivent avoir un caractère entièrement et ouvertement catholique, quels que puissent être les désavantages apparents et momentanés de cette attitude.

L'expérience nous a du reste prouvé, que la netteté de nos affirmations ne nous a point empêché d'acquérir l'estime et la sympathie de tous ceux qui, sans partager nos convictions religieuses, ne sont pas aveuglés par un sectarisme étroit et haineux ; de tous ceux qui comprennent que la collaboration des catholiques, groupés sous leur drapeau, au grand mouvement d'apaisement social, est non seulement désirable, mais nécessaire.

Au moment où l'Association catholique internationale des œuvres de Protection de la jeune fille s'est établie, d'autres institutions, nées de la ferveur protestante, existaient déjà, qui embrassaient le monde entier dans leur apostolat incessant et fécond. Nous aurions manqué de bonne foi vis-à-vis d'elles, si nous étions venus leur disputer le terrain qu'elles avaient conquis, d'une manière sournoise et sans nous présenter à visage découvert.

Persuadés de la nécessité de mettre à la disposition des familles catholiques une œuvre catholique de protection de la jeune fille, afin qu'elles ne soient plus forcément tributaires d'associations inspirées d'un idéal qui n'est pas le nôtre, nous avons poursuivi loyalement la réalisation de notre idée et je constate que nous avons pu le faire sans nuire au développement des œuvres préexistantes, sans entrer en conflit avec elles ; et il se trouve, en fin de compte, que c'est au fait que nous nous sommes tenus si scrupuleusement cantonnés sur le terrain catholique, que nous devons d'avoir acquis en si peu d'années cette popularité mondiale qui a permis à nos couleurs jaunes et blanches de se déployer aux quatre coins de l'univers.

Il ne faudrait point tirer du fait que notre œuvre est catholique par son enseigne et par les hautes inspirations auxquelles elle obéit, la conclusion que nous ne pouvons pratiquement nous intéresser qu'aux jeunes filles catholiques, et que nos jeunes protégées doivent montrer un billet de confession pour être dignes de nos conseils et de notre appui. Nos maisons et nos bureaux sont ouverts, indistinctement, à tous les isolements et à toutes les faiblesses ; nous avons trop conscience de notre devoir pour accompagner d'un prosélytisme indiscret les services que nous pouvons rendre. Respectueuses infiniment de toutes les consciences, nous nous gardons d'obliger les hospitalisées de nos *homes* à suivre les exercices d'une religion qu'elles ne partagent pas ; et chaque fois qu'une jeune fille protestante s'adresse à nous, nous lui faisons connaître l'existence des œuvres où elle trouvera ses coreligionnaires, afin qu'elle puisse, en toute liberté, leur donner la préférence.

Nous avons acquis la conviction que le bien social et que le bien moral que nous pouvons faire aux jeunes filles catholiques, qui constituent notre clientèle d'élection, sont inséparables d'une certaine action ayant la religion pour fondement.

A tous ces êtres désemparés, déracinés, qui viennent à nous, il ne saurait suffire d'offrir un lit, une adresse, un salaire, il faut ajouter le mot qui va au cœur, le conseil qui éloigne du danger, l'avertissement qui préserve des défaillances, et c'est la religion seule qui nous les inspirera ; sans la religion, nos Comités ne sont que des placeurs et des gargotiers d'une espèce nouvelle, des agents de voyages et de déplacements ; avec la religion, ils deviennent au contraire des anges gardiens visibles et vivants. Et c'est pourquoi, Mesdames, il faut que le Congrès de Dijon soit tout enveloppé, tout embaumé d'esprit religieux. Il faut que nous discutions dans une atmosphère de recueillement et de fraternité chrétienne ; il faut que nos travaux contribuent à tout restaurer en Jésus-Christ dans les familles et dans la société ;

et maintenant, Monseigneur, faites descendre sur nos têtes votre bénédiction épiscopale, afin qu'elle nous fortifie, qu'elle stimule notre zèle, qu'elle allume notre enthousiasme, tout en nous maintenant dans l'humilité, tout en nous rendant conscientes que nous sommes pour bien peu de choses dans les résultats que nous allons avoir à enregistrer, que c'est Dieu qui a tout fait et que c'est à Dieu seul que doivent aller nos louanges reconnaissantes.

Il suffit de jeter un regard sur le programme que nous avons entre les mains pour constater avec quels soins cette réunion a été préparée, combien de discussions intéressantes elle nous promet, combien d'horizons elle ouvre à notre activité. Je remercie tous ceux qui, avec tant de dévouement et d'intelligence, ont présidé, à Paris comme à Dijon, à l'organisation de ces journées de travail qui seront, je n'en doute pas, particulièrement fructueuses.

L'action de notre œuvre paraît tout d'abord assez étroitement limitée et le public, qui n'approfondit pas sa mission, ne peut se rendre compte de l'importance qu'elle peut prendre et du rôle qu'elle peut jouer. Je dois, du reste, convenir que les premiers fondateurs de notre organisation ne pouvaient s'imaginer eux-mêmes qu'elle embrasserait, peu à peu, tant de questions, qu'elle agirait sur tant de terrains différents, qu'elle se heurterait à tant de problèmes vitaux. Ces problèmes se multiplient sous nos pas, nous croyons en saisir un, c'est dix qui se présentent à la fois. Et c'est pourquoi la tâche qui nous incombe devient si ardue, si variée, et nous entraîne dans tant de régions différentes.

On nous accuse d'un certain côté, non sans malveillance, de sortir de notre sphère d'action, de vouloir tout accaparer, tout envahir ; ce reproche n'est pas fondé et je défie quiconque de prouver ces allégations, de les appuyer sur un fait précis.

Mais il est bien évident que, par la nature même de son programme, notre organisation ne peut pas vivre et se replier sur elle-même, et se développer en dedans ; elle doit sans cesse reculer les limites de son action, elle est faite pour l'expansion, elle ne peut vivre que de propagande et de réclame, elle a besoin de contacts, non seulement avec les œuvres protectrices de la jeune fille qu'elle veut grouper et encadrer, mais avec toutes les autres institutions de l'apostolat charitable et chrétien.

Nous ne sommes pas une œuvre, nous sommes une armature, un lien pour les œuvres ; nous sommes un ferment préparé selon certaines méthodes, qui leur est offert à toutes ; et c'est là ce qui nous distingue des organisations moins mobiles et moins extensibles auxquelles nous offrons nos services. Ces services, elles peuvent les accepter sans craindre de notre part une main-mise sur elles ; une famille n'aliène pas sa liberté en s'abonnant à un journal, elle accepte seulement de recevoir par lui certaines nouvelles, certains renseignements, certaines directions. De même, les œuvres qui s'abouchent avec la Protection de la jeune fille s'engagent seulement à recevoir d'elle certains services, à lui en rendre d'autres en échange, d'une nature strictement limitée. Parce qu'une association de dames de charité visiteuses des pauvres se servira, selon le besoin, de nos bureaux de placement, de nos *homes*, de nos adresses, en quoi sa vie intérieure et son indépendance seront-t-elles atteintes ?

On pourrait dire que notre œuvre est une prêteuse à guichets ouverts, prêteuse de services bien définis, qui demande comme intérêt, à tous ceux qui s'adressent à sa caisse, des services analogues.

Nous ne nous laisserons donc point émouvoir par certaines suspicions, notre Association est encore mal connue, mal comprise, justement parce qu'on ne peut pas la fixer et la cataloguer parmi les autres.

Profitons donc de toutes les circonstances pour la montrer dans sa réalité et dans sa lumière, et commençons par nous pénétrer nous-mêmes de son véritable esprit pour pouvoir l'infuser ensuite.

C'est dans les congrès comme celui qui commence que s'opère ce travail de pénétration. On ne saurait donc trop

encourager les membres de nos comités, les directrices de
nos bureaux et de nos maisons à les fréquenter assi-
dûment. Vingt ans d'application locale à un de nos services
ne saurait remplacer la formation qu'on peut acquérir, en
quelques heures, dans nos assemblées générales.

Et maintenant, Mesdames, au travail ; je suis sensible à
l'honneur que vous m'avez fait en me chargeant de la présidence effective de ce Congrès, présidence que j'accepte
par délégation de Mme la comtesse de Caraman et sur sa
demande comme une chose tout à fait exceptionnelle.

Le Comité international ne saurait, en effet, se substituer
aux Comités nationaux dans aucune des circonstances où le
droit de direction et de préséance revient à ces derniers.

Nous allons assister à une revue magnifique, celle des
œuvres de jeunesse féminine du diocèse de Dijon. Je
les remercie toutes de s'être associées à ce Congrès, de
n'avoir pas eu peur de nous, de nous avoir comprises,
j'espère qu'elles verront que cette fusion peut s'opérer dans
l'effusion joyeuse des cœurs qui s'aiment en Jésus-Christ,
et sans les confusions bouleversantes et désorganisatrices
dont on a parfois l'appréhension.

Puissent les rapports noués aujourd'hui entre tant d'institutions différentes demeurer permanents.

Ce ne sont pas seulement les individus qui doivent mettre
en pratique la devise des anciens Suisses : « *Un pour tous,
tous pour un* », mais aussi les œuvres catholiques, et notre
organisation leur donne le moyen de faire de cette parole
une réalité vivante.

Réponse de Monseigneur à la Vice-Présidente internationale.

N'avais-je pas raison en me défendant d'entreprendre un
discours d'ouverture ? Il est plus qu'évident que j'aurais fait
double emploi...

Je suis reconnaissant à votre Présidente d'avoir une nouvelle fois défini votre Association : Association nettement catholique. Nous ne sommes pas neutres. — Le Pape nous redit souvent la doctrine évangélique : « Il faut que vos œuvres luisent sous le regard des hommes et qu'elles témoignent pour votre foi. » Or elles ne témoignent pas assez quand nous les fondons avec d'autres dans je ne sais quel creuset dont il sort un amalgame inconfessionnel pour ne rien dire de plus. Nous n'exigeons certes pas de celles que nous protégeons des billets de confession ; nous n'imposons, de près ni de loin, aucune sorte de contrainte pour obtenir d'elles la pratique de notre foi. Ce que nous voulons, c'est que notre action protectrice tourne à l'honneur de notre foi. Je vous suis reconnaissant d'avoir dit aussi nettement qui vous êtes.